JN438360

동행

도서출판 천우

이 경 우 시인 · 수필가

종합문예지 월간 『문학세계』 시 부문과 수필 부문 등단하였으며, 한국문인협회 · 부산문인협회 · 문학세계문인회 정회원이다. 동아대학교 대학원에서 경영학 박사학위를 취득하였으며, 영남대학교 대학원 박사과정에서 심리학을 전공하였다. 동아대학교에서 겸임교수로 활동하였으며, 경영컨설턴트 · ISO 인증 심사원 자격을 취득하였다. 금정산 자락에서 산촌 생활을 하면서 존재의 참의미를 자연에서 깨달아가고 있다.

• **저서**

시집 『동행』 『성찰』

시 · 수필집 『마음으로 보는 것들』 외 다수

시인의 말

봄 여름 가을 겨울은 거듭된다, 의심이 없다.
나무에 싹이 돋고 초록으로 단풍으로 낙엽으로
나무는 아무 일 없었다는 듯이 다시 시작한다.
늘 새롭게 느껴진다.

일상을 생각하고 흔적을 모아서 반추하고
너무 다듬기보다 원석의 의미를 찾으며 새롭게
느끼고 싶다.

개인적으로 절대적 존재, 신을 의심하지 않는다.
그러나 신을 바르게 느끼고 싶다.
나이 들수록 대단하지 않은 데에서 특별한 의미를
찾는다.
별거 아닌 것 같아도 그렇지 않은 일들
이게 기적이 아닐까.

제1부

흙에 살리라

제2부

삶의 흔적

제3부

그대로 있어라

제4부

용꿈을 꾸는 아이

제5부

근원을 찾아서

제1부

흙에 살리라

동행同行 1

잡초라 불리는 들꽃
산야가 위대함은 들꽃들이
이름을 남기지 않기 때문입니다
그 이름을 불러주지 않아도 스스로
온 산야에 흔적을 남깁니다
보듬어주는 손길이 없어도 스스로
예쁜 꽃을 바람에 날립니다
키워주는 이 없어도
앙증맞은 모습이 자랑스럽습니다

들꽃에 매혹된 사람은 꽃의 근원을 찾고 비로소
불러주는 이름에 들꽃은 어색해합니다
세상을 잊어 자유로운 자는 들꽃을 머리에 꽂고
너풀너풀 춤을 추는 자격을 얻습니다
추위와 비바람에 꺾이지 않는 들꽃
산야의 생명줄입니다

바람은 들꽃의 근원을 알고 있어 씨를 날립니다
들꽃은 바람에게 물 한 모금 준 적 없지만
바람은 들꽃을 기억합니다

들꽃은 알고 있습니다
바람이 있어 행복하다는 것을

들꽃은 돌 틈 가시밭길 언덕이든 골짜기든
원망이 없습니다
잠시 있다가 사라지는 운명 내년에 또다시 태어나는
창조의 섭리를 알고 있습니다

들꽃은 작고 가냘파 가시가 없습니다
몸을 낮추며 무릎을 꿇어야
바라보는 이도 들꽃이 될 수 있습니다
들꽃과 친해지고 싶다면

꼬부랑 할머니가 되어야 합니다
사는 방식이 낮아야 살아온 연륜이 있어야
들꽃과 동행同行할 수 있습니다

들꽃을 만나 서로
이름을 부르지 않아도 마음이 통합니다
들꽃은 알아주는 이 없어도 제 모습 아름답게
가꾸는 끈질긴 생명력으로
아름다운 삶의 자태를 펼쳐냅니다

금정산 산성마을

금정산 산성마을
꼬불꼬불 고갯길 절경 가을 단풍
차들이 느리게 걷는다
산행하는 사람들도 느리게 걷는다
따가운 햇살이 밝은 것은 더 밝게
어두운 것은 더 어둡게 만들다
소나무가 자신을 어둡게 감추고
배경을 자처自處하다
자체가 아름답다
저절로 눈에 보이는 그대로 즐겨라

동 서 남 북문으로 들어가는 성벽 산성마을
몇 해 전에 야외공연장이 생태공원이 수돗물이
올해는 카페가 서너 군데 생겼다
문화는 그 틈새에서 조금씩 묻어나올 뿐
즐기는 것은 오롯이 외지인의 몫
금정산 풍광이 맑을까 흐릴까

늦은 밤 카페의 불이 꺼지면 산골 나무들은
마무리해야 할 이야기가 많다
애지중지하는 단풍이 바람에 흩어져 매일 밤
이별을 알리기 때문이다
가을밤이 겨울밤보다 더 깊게 느껴질까
차라리
나목裸木으로 살아야 하는 겨울이 홀가분하리라

걷다 쉬다 걷다 쉬다
산을 산으로 풍경을 풍경으로
푸른 하늘과 두둥실 구름을 산새 소리를 즐겨라
산길은 깨끗한 사람들이 다니는 길
잠시 인생사 무거운 먼지들을 털어버려라
가을에 머무는 사람아!
무엇으로 채색되어 있는가
문명을 벗어라 자연을 즐겨라

흙에 살리라

흙 한 줌 쥐고서 비비어보라
주어진 생명 필연적인 한계
흙으로 돌아갈 숙명이 보이는가
신이 주신 흙에 행복이 있어 마음이 평온합니다

현세 이후의 존재를 어디에서 멈추는가
영생의 욕망이 만들어야 하는 현실 의무보다
영원한 안식安息만을 꿈꾸는가
스스로 만든 신의 영역과 일체로 엮어가는
어리석음으로 흙에 만족이 없어
신에게 끝없이 요구하는가

신에게 맡겨놓았나 왜 입맛대로 요구하는가
흙에 만족하라 흙에 살아라
영생은 신에게 맡겨라

신은 중생들이 지루해할까 염려하여 흙에
일용할 양식을 뿌렸습니다
반면 교훈으로
두더지 고슴도치 지렁이를 남겼습니다

신은 흙에 영생의 열쇠를
인간은 하늘에 영생을 두는가
주어진 삶에서 무엇을 하였기에
'신과 함께' 꿈을 꾸는가
'저 푸른 초원'에 만족하라
욕심아! 흙을 비비어보라
무엇을 느끼는가 무엇이 보이는가

금정산성

터줏대감 노송들이 들려주는 금정산 이야기는
느릿느릿 걸어야 귀에 들어온다
굽이굽이 돌아가는 금정산성
아흔아홉 고개 병풍처럼 휘감고 있다
솔향기에 취한 여름 바람이 인도하는 산길은
가슴에 스미는 시원함을 뿜어낸다

애처롭다
나지막한 성벽을 방패로 왜군과 싸웠던 선조들
무명의 용사들이 생명 바쳐
화살에 창검에 피 흘리는 고통
숭고한 넋은 성벽 돌마다 살아 있으니

안개는 승리의 여신 니케Nike의 치맛자락
파류봉 허리를 휘감는다
무명용사들의 흰 피로 살아나는 찔레꽃인가
보석처럼 안개에 수놓는다

허물어지도록 몸 바쳐 나라 지킨 금정산성
무명 영혼들 한 땀 한 땀이 초목을 호령하는데
승리의 춤판을 벌이는 니케의 치맛자락이 점점
산성 성벽을 감싸 안는다
터줏대감 노송들이 굽이굽이
산성山城을 감고 긴 팔 흔들며 화답하고 있다

순리順理

태풍의 위력에 단감이 떨어지는데
단감을 아쉬워하며 태풍의 위력을 실감하다
근원은 보이지 않고 결과에 마음이 엉뚱하다

마음껏 펼칠 수 있는
수많은 시간들이 언제 사라졌던가
아쉬움이 남는 무엇이 나타나야 안타까워하다

날마다 죽이는 시간을 애석해하지 않는 우둔함이
오지 않는 시간과 가지지 못한 것에 집착하다

매미가 부스러지는 허물에서
아름다운 날갯짓을 남기듯이
자연의 오고 가는 흔적에서

또 다른 시작을 반드시 예감하다
과거로 흘려보낸 시간도
소멸이 아니라 자연에 자리하고 있다

자연에 거슬리는 모든 행동은
이맛살 찌푸리는 짓 자신을 훔치는 꼴

스님의 독경 소리

스님의 독경 소리 산을 넘고 넘어 구름이 됩니다
바라보는 구름으로 스님을 짐작합니다
알 수 없는 독경은 세속을 벗어나
맑은 산야에 퍼지고 점점 고요히
귀 기울이니 마음이 평안합니다

혼자서 가끔 중얼거리는 버릇이 생겼습니다
늙어서인지 아이로 돌아가는지 알 수 없습니다

스님 소리에 산이 있고 골짜기가 있습니다
명상하는 마음에도 산이 있고 골짜기가 있습니다
스님의 산 중생의 산 서로 같은 산이겠지요

스님이 어떤 사람인지 궁금함이 커질수록
짐작을 현실로 착각합니다
탁발하고 승복 입고 목탁 들고 정좌했을 터
내가 스님을 안다고 짐작하듯
스님은 신을 짐작할까

대상을 취향에 따라 만드는 재주
입맛에 알맞게 신을 조각彫刻하고
코끼리 다리 밑에 그늘을 만듭니다
세상사 알고 있다고 자부하는 헛된 마음은
코끼리 다리에 지푸라기인 것을
스님은 독경하고 나는 짐작을 현실로 만듭니다

어디가 좋은가

청평 호수의 절경과 고요함에
위력威力의 유희와 신성의 엄숙함이 깔려 있다
호수는 부슬비에 살랑이다
뱃사공의 땀방울이 세속을 밀어내며
선한 사람만 존재하게 하다

울진 석류동굴은 암흑 속에 홀로
아름다움과 경탄을 펼치고
몇천 년의 흔적이 한 방울의 석회수에 담겨 있다
상상이 현실 되고 현실이 상상 되어 돌고 돈다

마음이 동화되어 육신을 자연에 빠트리다
풀 나무 산 바다가 어디 짧은 흔적 짧은 조화인가
이것들의 속살이 제 혼자이든가

어디에 있든지
개별 존재를 풀어헤치면 모두가 동등한 것을

어디가 좋은가
환상의 호수인가 신비의 동굴인가
다시 살피고 음미하자 우리의 지향성이 어디인가
개별을 거슬러 올라가면 동일한 흔적들인 것을
존재 자체가 그 무엇보다 최고인 것을

목련화

바람이 귀를 닫는 사월 초에
눈이 내리듯 소리 없이
하얀 목련화가 나무에 앉다

은은한 자태
나비도 비켜갈 만큼
건드릴 수 없이 고요하다

스스로 드러내지 않아도
더 멀리 퍼지는 웃음 향기

벌 날갯짓에 목련꽃이 웃는다

흐드러진 목련이라도
가슴에 소리 없는 통증이 있다

목련꽃이 눈물 흘리며 비가 되다
저물어가는 사월 중순에

소우주

꽃은 꺾으면 아파한다
강아지도 미워하면 슬퍼한다
꽃은 꽃의 세계에서
강아지는 강아지의 세계에서 생명을 누린다

만물은 모두 그 세계에서 순응하는데
인간은 다른 영역에 돌멩이를 던진다

인간도 그 일부분인가 아닌가
간섭 무절제는 남의 세계를 기웃거리는 무기

되돌아오는 고요

자연을 고요히 바라보라
되돌아오는 고요가 있다
가슴에 담기는 고요가 나와 자연을 연결하다
볼을 스치며 미소 짓는 바람 상쾌한 맑은 공기
초록 향기는 고요 속에 담긴 연결의 극치다

고요한 자연이 허용하는 것이 있다
바람을 유혹하는 새들의 날갯짓 풀벌레들의
하모니 소리다
고요한 자연에 마음을 담그면
잡념의 덩어리는 한낱 재가 될 뿐

새로운 느낌으로 음미하는 나
눈길 한 번 주지 않던 나뭇잎 꽃잎이 비로소
나를 향해 웃는다 웃는다 웃는다

아! 이들은 사라지는 법이 없구나
흙으로 날아오를 뿐
흙이 곧 하늘 다시 흙으로 되돌아온다

자연이 창조하는 경이로움에 잡음이 있던가
오로지 영혼의 자유가 있다
잠시 세월을 멈추고 너의 안에
작은 자연을 만들어 고요 속으로 들어가라
너의 마음이 거리에 있을 때 영혼은 병원에 있다
그저 바라보기만 하는 산천이
안식으로 반긴다 그저 즐겨라

사계四季

봄
소생으로
나무는 감사의 꽃비를 부르고

여름
풍요로 화려한 성숙을 꿈꾸니
계절 향기에 세상이 미소 짓는다

가을
신이 내린 은총에
나무는 열매를 맺고
단풍은 천연한 극치 황홀이다

겨울
떨어져 낙엽이라 불리는 단풍은 서럽다
바람이 머무는 앙상한 가지에서
나무의 본질을 추상하다

싸늘한 겨울일지라도 뒤안길은 없다
천지 인연으로 함께하는 만물들

윤회輪回
단풍이 그리는 한 줄기 곡선
낙엽이 꽃 되고 바람이 향기 되어
두둥실 저항 없이 행복만 남겨두니
무상인 듯 윤회인 듯…

어떤 향기

뱃속에 꿰차고 없는 척한다
그거 밭에 오래 머물면
싫어하던 마음이 익숙하게 되던가
그렇다고 뒹굴면 안 될 일
그거한테 밉보이면 단전이 괴롭다

썩어서 꽃이 되고 열매 되고
생명이 되고 좋은 향기로 되살아난다
돌고 도는 세상
그것이 향수 되고 향수가 그거 된다
향수가 되기 전에 내뿜으면 안 될 터
쉽게 보지 마라 무한 연결고리가 우주에 걸친다

근원을 쉽게 생각하지 마라
너는 어디에서 왔는가
오래 걸려 꽃이 되고 한순간에 그거 된다
죽어서 생명이 되는 그거 썩지 않는 그것은 없다
어떤 향기로 변할까 신만이 아는 일

보름달을 그리며

붉은 석양을 배웅하고
뭇별 잠에서 깨우며
초승달 기다리는 샛별
먼 길 가는 초승달에
불 밝혔으면 그만이지
지새우며 묶어두고
부서질까 놓지 못한다

뭇별 웅크리는 겨울밤
자식의 뒷모습 어두울까
애타게 길 비추는 어버이

천사의 미소 손녀
차창 속의 뒷모습이
큰길 익히는 초승달이다
귀엽고 예쁜 승연아!
세상을 비추는 보름달이 되어라
한자리에서 용쓰는 할아비 마음

생명은 시듦에서

생명은 시듦에서 새로운 역사를 만든다
새싹과 꽃은 시대의 화려함이요
시들어지는 꽃은 새로운 역사의 성숙을 위함이다
말라 바싹거리는 꽃잎은 새 역사의 시작이라
이어지느냐 멈추느냐에 대한 엄숙함이다

시들어가는 처연凄然에 사라진 벌 나비가
한결 새로움으로 되돌아온다
시들어지는 꽃이 위대한 자연의 순리에
역할을 맡기니 새로운 역사는 멈추지 않는다

시드는 꽃이 추해 보이는가
이미 네 마음이 멈추어버린 것이다
꽃은 늘 그대로다 다만
고비마다 거듭나며 새 역사를 창조하고 있을 뿐
시들어도 시들지 않는다
시들어야 생명에 새로운 역사가 있거늘

제2부

삶의 흔적

동행同行 2

도로변 한편에 채소 파는 할머니
매서운 겨울바람이 머물러 있는 얼굴
억센 손마디 좌판에 얹은 시린 무릎이
할머니의 시계를 돌린다
텃밭 농사는 자식 농사요 삶의 터전이겠지
패인 주름살 삐걱거리는 무릎
바싹 마른 몸매 찡하는 마음이다
적당히 체념하고 놓아버리는 지혜도 생겼으리라
눈은 채소 껍질에
마음은 무심한 군중에서 동행을 찾는다

할머니가 환하게 웃었다
굵은 주름에 펴지는 감사의 미소
세상 다 얻은 모습으로 까만 비닐봉지에
미소를 꾹꾹 담아 누른다
할머니 등 뒤에 자식이 어른거렸다
한 겹 한 겹 벗기는 채소에
한 겹 한 겹 사랑을 입힌다
할머니는 늙지만 엄마는 영원한 동행이 있다

한 점을 향해 1

가는 길은 달라도 지향점은 같습니다
모두가 한 점을 향해 달려갑니다
탁구장, 작고 깃털처럼 가벼운 흰 점 하나에
시간 웃음 아쉬움 심혈을 바칩니다
가본 길을 수만 번이나 되풀이합니다
그래도 그 길에 대한 미련을 놓지 못합니다
엉덩이로 발바닥 누르면 미래는 사라집니다
멈춤이 없어야 생명이 자랍니다
오는 길은 무욕으로 가벼운데
가야 하는 길은 번뇌로 더 무겁습니다
흰 점은 집중과 가속을 좋아하고
회전을 보태면 기교가 생깁니다
인생은 동그라미 빙글빙글 어지러운 세상에
눈을 멈추면 스스로 굴러가는 원이 됩니다
하얀 점이 사람의 맥을 짚으며
“흰 점은 너 자신, 너 자신을 넘겨라”
“삶에서 수도승이 되어라” 암시를 줍니다
마음 가는 곳에 희망이 갑니다
마음이 한 점을 향해 달려갑니다

한 점을 향해 2

가는 길은 달라도 지향점은 같습니다
모두가 한 점을 향해 달려갑니다
호떡집, 할머니가 동그란 반죽을
뜨거운 기름 판에 수없이 눌러댑니다
삶의 무게를 보태어 하루 종일 구워냅니다
따끈한 마음을 구워내면 손님이 저절로 찾아옵니다
왼쪽으로 누르면 자식이 오른쪽으로 누르면 행복이
지켜보는 마음이 즐겁습니다
불티나는 행복 하루아침에 이루어지지 않습니다
등딱지로 살면 인생 점수가 쌓이지 않아
할머니는 손품 팔아 부지런히 움직이며 늘어나는
삶의 지혜도 차곡차곡 구워내고 있습니다
찰나의 곁눈 짓도 사치
바쁜 손놀림 오로지 집중만이 행복의 길이요
따뜻한 안식이 있습니다
할머니는 동글동글 원을 만들고
손님은 모나지 않은 따끈한 원을 먹습니다
마음이 한 점을 향해 달려갑니다

삶의 흔적

아귀힘이 없어 잡을 수 없으니
몸도 마음도 구속이 사라지다

바싹한 마음속
모든 것을 털어내어도
남겨진 하나는
머리가 시리다는 것
노인의 중절모를 이제야 바로 보다
패션이 아니라 삶이라는 것을

존재 자체가 눌리어
시리어 아픈 세월은
소우주의 마지막 흔적
몸도 마음도 자유로워지다

핑퐁

핑과 퐁의 연결
파란 바다에 밀물 썰물 따라 파도가 출렁인다
핑 하면 퐁으로 퐁 하면 핑으로
희고 가벼운 점 하나가 서핑하고 있다
돌아오는 파도가 흰 점을 놓치는 어리석음
분명히 봐야 할 것을 놓치는가 보았는데 놓치는가

핑퐁에 번민이 오고 가고 속도에 마음을 뺏겨도
하얀 점은 멈추지 않는다
오는 것을 오지 않도록 하는 번뇌
오고 가는 이치를 삼켜버린다
마음이 번민에 잠기면
또 하나의 번민을 털어내는 냉정마저 잃는다

마음 따라 오고 가는 허상 떨치면 흔적도 없는 점 하나
바다는 늘 푸르고 핑퐁거리는 파도는 쉼이 없다
빙빙거리는 유혹을 멀리 던져버려라
핑 하면 퐁 하고 퐁 하면 핑 하는 세상
멈추지 않는 핑퐁 언뜻 달라 보여도 서로 다르지 않는
하나의 연결인 것을

병원 가는 길

마음이 육신을 당기면 더 아프다

생손 고통 하나에 삶을 걸듯이
온 신경은 터져버린 마음에 모이다

절룩이는 생각이 무의식에 잡히어
존재는 어디 가고 넋 없이 길을 찾는다

생명이 무한이라 착각하면서
동반으로 살아온 우리
회전문에 함께 들어가나
함께 나오지 못할 수도 있다

마음과 육체…
고통과 안정…
존재, 생명…

병원 가는 길
힘겨움에 고통은 점점 사라지고
못다 한 추억들이 평정을 닦는다

지문이 얼굴에

지문이 얼굴에 있다
주름살을 사랑하라 늙어감이 아니라 너의 상징이다
아름다움이나 고통을 겪지 않고 늙더냐
지나간 고통이나 행복이 잔잔한 추억으로
얼굴을 훑으며 고랑을 만들어 주름이 되었다

어제의 일출이 오늘의 황혼이 되고
오늘의 황혼이 내일의 일출이라면
인생은 나날이 경험을 앞세워 찾아오는 것
고랑을 다시 쓰다듬어보라

나그네 보듯이 주름을 맞이하는가
인생의 한 땀 한 땀이 모여 겹겹 추억인 것을 굳이
시침질하여 되돌릴 필요가 있는가
인생의 파노라마 주름을 사랑하라
오늘 이 순간을 사랑하라
주름살이 미운가 그렇다면 죽어가고 있다
삶에서 만들어지는 모든 것은 신의 축복
모든 것을 사랑하라 주름살까지도

산 너머 곡哭소리

아버지를 업고 산을 내려오는 자식은
너무 가벼운 아버지 식도가 말라버린 금식에
이별을 예감했습니다
죽은 나뭇가지 떨어지는 소리처럼
자식은 꺽꺽 울었습니다
생명이 식어가며 하산하는 아버지를 위해
할 수 있는 일이 없었습니다
일용할 양식이, 일용할 미소가 없을 때
신의 손길을 찾습니다
자식의 등이 아버지에게 일용할 양식이요
천국이길 소망했습니다
그 자식은 병원 응급실에서 진료를 받습니다
돈이면 해결되는 참 행복한 세상이 왔습니다

저 산 너머 기도원에서 곡소리가 들립니다
괴로움을 죽음을 힘들어하고
'내 주를 가까이하려 함은 십자가 짐 같은 고생'
밤마다 심장을 끓이는 산 너머 저 소리

아버지는…,

아버지는 따뜻한 평안이 드물었습니다
병환으로 고통이실 때
일월산 기도원에서 마지막 채비를 하셨습니다
지금 내 눈에 고이는 눈물 조각만큼
아버지가 가벼웠습니다 아! 아버지
그런 기회가 다시없음에 허공만 쳐다봅니다

동행同行 3

차갑고 축축하게 배여 있는 시간들
'충돌사고 잦은 곳', '경유 1,405원'
붉은 표지판이 유난히 확대되어
긴 겨울밤이 무섭고 버겁습니다
외로움도 사치 사랑하다 버려진 상처들을
밤새워 편히 쉴 수 있는 곳으로 데려갑니다
그곳은
무심한 곳이 아니라 다시 태어나는 곳입니다

등 뒤에 양념 묻은 스티로폼들이 비린내 풍기며
바스락거리고 플라스틱병들이 서로 짓누르고
깨어진 유리병이 살벌하게 쑤시기도 합니다
힘들고 몹쓸 냄새가 기다리지만
재활을 인도하는 사명으로 땀을 닦습니다
옆을 스치는 불빛들은 번쩍이는 치장에
뒤로 젖히는 의자에 '수고하고 무거운 짐'은
카세트 CD가 대신합니다

찾아다니며 손잡은 골목 구석에
광채가 반짝거립니다
어둠이 지나 태양이 떠오르면 광채는 사라집니다
무심한 인간들이
삶의 찌꺼기로 다시 채우기 때문입니다
부서진 상처들을 계속 찾아갈 것입니다
알고 있습니다 땅에는 영원함이 없다는 것을
알고 있습니다 동행으로 흘린 땀이
광채를 만든다는 것을

여정旅程

지나온 인생을 알고 싶은가 산길을 걸어보라

산이 천천히 말을 한다
너는 언제 뛰어다닌 적이 있는가
뛰었다 해도 거북이걸음인 것을

굽잇길 좁은 길 넓힐 수 있는가
천천히 걸어라 더디면 더딘 대로

산길을 걸어 원점에 도달하나
산을 사랑하는 또 다른 출발점이다
오르막내리막 꼬불꼬불 가다가 쉬고 가다가 쉬고
땀을 훔치면 탁 트이는 가슴이 있다
힘들어 엉덩이 붙이면 그곳이 안식처다

오르며 내리며 만나는 미소들 그것은 산이 아니다
오로지 정상을 향해 묵묵히 나아가는 홀로 인생들
가본 산길도 다시 가보면 낯설다
미지의 산길이 많이 남아 있는데

채색하여 화려한 날들이 오늘도 익숙하던가
내일도 익숙할 것인가
귀를 열고 천천히 들으라 계곡 소리 바람 소리
온갖 향기가 건네는 이야기에
먼 산을 보라 너의 여정이 거기에 있다
산에 올라가라 그리고 천천히 걸어라
배낭을 내리는 마음이 행복한가

한 줌 흙으로

Ⅰ

의형義兄 영정을
쳐다보는 순간
온몸이 굳어
한마디 말도 못 하고
상주 손만 잡았다
눈물에 눈물이
발길을 돌렸다

Ⅱ

가까이하는 벗이
멀리
가버렸다

무더운 바람에 지쳐
가을을 그리워하며
떠나고 싶었겠지

훗날 내가 떠날 때
그 벗을
부르지 않으리

겨울잠의 행복

겨울잠을 자고 싶다
추위가 끈적끈적 잠을 묻히고 몸을 감는다
가만히 있으면 잠이 쏟아진다
겨우내 깨지 않고 싶다
동면이 지나는 봄에 새순 되고 다시 힘을 얻겠지
동식물의 한계를 알면서 자신의 한계는
길게 늘어뜨려 천 리를 만든다
나도 동물이라 겨울잠은 당연한데 잊고 살았네
늦게나마 겨울잠을 챙기며 굴레를 벗기니
마음이 행복하다
굴뚝으로 피어오르는 장작 타는 냄새가 좋다
온몸을 사르며 불타는 나무도 생명이 있었다
좋은 냄새로 기억되는 나무
춤을 추는 연기 되어 겨울잠으로 떠나고 있다
긴 겨울밤 겨울잠을 준비하는 시간이다
봄이 나를 깨우는 초록 꿈을 꾸자

스펙 쌓기

떠돌이 고양이들은 궤변이 방어벽이다
내 밥통은 나의 밥통, 너의 밥통도 내 밥통이다
미동 없이 웅크린 방패는 위협이고 보호막이다
고양이들이 강아지 밥을 털었고
강아지는 머리 굴려 쥐가 되어 굽실거렸다
고양이는 고양이대로 강아지는 강아지대로
스펙을 쌓고 있다
고양이는 소문 없이 여기저기 기웃거린다
열 발자국 분노하면 열 발자국만큼
가소롭다 한다
별 볼일 없는 느림보 돌멩이로 보겠지
소문난 스펙이 눈에 보이지 않느냐 하는 거만함

무심無心

산이 있어도 무심하다
볼 수 있는 눈이 없어서

안개 걷히니 비로소
산이 보인다

어라! 저기 나무가 있었던가

제3부

그대로 있어라

눈을 감으면

눈을 감으면 편안히
나를 볼 수 있다

눈을 감으면 사랑은 고요히 남아
억지 갈망을 차단하고
일상의 속도를 늦출 수 있다

미움은 눈꺼풀에 깔리고
명상에 밀려 조용하다

새로운 심상이
평정 평온으로
세상을 다시 펼치다

눈을 감으면 편안히
나를 볼 수 있다

그대로 있어라

금정 산성마을 어귀
벚꽃 거목巨木들이 무지개 길을 만든다
초록 분홍이 조화로운 봄을 지나
붉디붉은 가을이 정열적이다
벚꽃 거목은 늘어진 가지로
작은 초목들에게 겸손하다
찾아드는 사람들은 벚꽃의 정취를 보는 것일까
거목의 역사를 짐작하는 것일까

거목이 그대로인 것은 오로지 묵묵함이다
거목은 산을 오르내리는 사연들을 알고 있다
입이 수군거렸다면 연기 되어 하늘로 날아갔겠지
벚꽃 거목들이여!
그대들의 모습을 계속 그대로 간직하여라

자칫 타버리고 흔적 없이 날아가는 허상으로
너의 본색은 사라질 수 있다
거듭되는 세월에도 변화를
너의 것으로 만들지 않았던가
벚꽃 거목들이여!
말없이 손잡아 만든 무지개는 그대들의 얼굴
어디 자연의 순리에 벗어나는 성숙이 있던가

나만 모르는

나만 모르는 나의 행동을 누가 조종하는가
내면의 아이가 거칠게
현실을 이기려는 서글픔은 알다가도 모르고
몰라도 아는 체하는 어리석음
세상의 소리에 감정을 낮출수록 불만이 만든
억하심정은 더 깊은 착각의 늪으로 빠져듭니다

손은 손대로 발은 발대로 움직이고
생각은 멈춰 있어 의미의 의미도 모른 채
행위 의지는 분별이 없습니다
소리다운 소리가 진정 그리울수록
잡음은 귀를 후비며 착각의 늪으로 손짓합니다

내 안에서 울음을 견디지 못해 신호하는
아우성을 거품 없이 정제할 수 있는가
부추기고 나무라며 앞으로 밀어젖히는 억센

힘에 밀려다니는 시간을 정제할 수 없습니다
잘해야 한다 행복해야 한다
웅얼거리는 벌 떼 짓은 나를 위한 채찍인가
씻어야 하는 찌꺼기인가
나만 모르는 나의 행동은 누가 조종하는가

언어의 고향

사는 곳이 고향이던가 언어는 고향이 여러 곳
가슴을 열어보라 따뜻한 언어의 고향이다
머리를 두드려보라 명석한 언어의 고향이다
살던 곳이 많았다는 것은 만나볼 수 있는 언어가
가득하다는 것
언어는 입술이나 손가락에서 태어나지 않았다
마음이 따뜻한가 공감이 있는가 언어의 고향을 보라
지치고 힘든가 고향으로 돌아가라
그리고 다시 돌아오라

나이 들수록 알았네
지켜보는 침묵도 언어의 고향인 것을
너의 언어는 오고 있는가 가고 있는가
따뜻한 곳에서 오는가 명석한 곳에서 오는가
침묵으로 돌아가고 있는가
말 한마디가 천 냥 빚 갚는다 하지 않는가

안개

가로등이 꿈을 꾸면
안개 속으로 사라지는 잡념들

내 기억에 스며든 안개가
욕망을 덮어버리고
실존은 본질을 찾는다

다시 세상을 꺼낸다
안개는 하늘을 열고
나는 마음을 씻어내고

그림자

그림자를 비우고 싶습니다
가진 것에 가질 것에 그림자가 있습니다
가장 처음인 것 요람이 행복입니다
저절로 생긴 것들
두 발로 걷는 것에 행복을 느낍니다
그림자의 원천은 욕심인 것을

멀리서 볼수록 편한 마음은
그림자가 없기 때문입니다
화려한 색깔에는 그림자가 있습니다
대상을 지우면 보이지 않는 원색이 진실입니다
푸르고 싱싱한 나무 무성한 풀들의 본모습은
겨울에 있습니다
겨울은 나무를 덮는 그림자가 없습니다

세상의 모든 것은 얼굴을 때리는 소망입니다
올바른 소망은 안락하고 그림자가 없습니다
볼 수도 가질 수도 소유할 수도 없는 것을

마음에 일어나는 변화는 비우지 못한 욕심이요
시커먼 그림자입니다 버리지 못하는 그림자 차라리
원색으로 비우고 싶습니다

행복

행복은 보물찾기
행복이 숨는 곳이 어디일까
발밑에 길바닥에 돌 밑에 숲속에 절벽에
등 뒤편에 어디든 숨어 있습니다
행복은 우연히 바람에 실려 찾아옵니다
행복은 구름 위에서 찾는 이를 갈망하게 합니다
가장 찾기 어려운 행복은 불행 속에 숨어 있어
고통스럽게 찾아야 합니다
한 곳에서 목숨 걸지 말고
어디에서든 행복을 찾아야 합니다

마음이 행복을 찾아 나설 때 행복은 이미
그 마음을 간절히 기다리고 있습니다

행복에 빠져 자칫 그 행복의 참맛을
느끼지 못하여 다른 신기루를 찾아
여행을 떠날 수가 있습니다

놓아버린 행복이 헤매는 행동을
어리석다 비웃고 있습니다
마약을 찾듯 행복을 찾아 헤매면
행복은 마약이 됩니다

행복은 크기를 숨기고 있습니다
크기는 아는 사람만 알고 보이는 사람만 보입니다

신은 축복을 위해서 행복을 감추고 있습니다
신은 행복의 비결을 주려고
행복을 갈망하는 자를 찾아다닙니다
신과 행복이라는 끈으로 연결된 존재들을 위하여

고요히 누워

고요히 누워 천장을 하늘 삼아 잠을 청합니다
신이 고요히 내려다봅니다
고요한 밤인지 괴로운 밤인지 알 수 있습니다
하루를 사람으로 살았는가 괴롭게 살았는가
주름살에 화가 끼었는가
광대에 튀어나온 욕심이 없는가

천장을 하늘을 바라봅니다
신이 바라보고 있습니다 편안한지 괴로운지를
하늘을 눈에 담고 자는가
턱이 무릎에 닿았는가 이불을 휘감고 자는가
베개 베고 누워 신과 말벗하고 있습니다
본디의 근원根源이 남고 모든 것이 사라집니다
우주는 양생養生을 담아 나를 헤엄치게 하고
나의 침실은 천국이 됩니다

자유로운 영혼

혼자 있어도 혼자가 아닌
벽이 있어도 벽이 없는
닫혀 있어도 자유로운
현상이 있어도 전경과 배경이 없는
볼 수 있어도 보지 않는
볼 수 없어도 볼 수 있는

밀짚모자 눌러쓰고 여름을 거둔다
여름은 밀짚모자를 안다

감정

감정을 롤러코스터에 태워
외모로 치장하는 어리석음
생의 끝이 가까이 있는데
감정은 점점 난해難解하다
하얀 보자기로 덮는다고 깨끗하던가
물속이라 맑아지더냐 조용히 그냥 두어라
산과 들의 초목은 조용히 햇볕을 구름을
바람을 비를 부르는데 나의 감정은
어둠을 후회를 부른다

기쁠 때 기쁘고 슬플 때 슬프고
웃고 싶을 때 웃는 시간이 언제였던가
마음과 드러나는 감정이 엇박자 되어 일그러진
자화상을 다시 그리고 싶다
감정의 노예에서 벗어나라! 새로운 너를 찾아라!
내일 끝나더라도 다시 채우는 것들은
부드러운 감정으로 남겨두어라

단순함에서 얻는 것

Ⅰ

자신을 바라보는 것
옳은 일인가
좋은 일인가
세상을 살리는 지혜이다

Ⅱ

슬프면 노래를 찾지, 멜로디는 신의 손길
괴로우면 신을 찾고 신에게 다가간다
즐거우면 "신이 어디에 있지?"
천국에는 괴로운 사람이 더 많을까

Ⅲ

의심
발갛게 익은 감, 흉터가 많다
까치 짓일까 의심하지 마라
네 눈으로 보지 않았거든

사람 사는 세상에

사람 사는 세상에 입이 없다
권세가 무리가 말을 한다
입력된 언어로 벌이는 로봇들의 전쟁

옳다 그르다가 양심을 떠나고
더 나쁘다 덜 나쁘다가 있을 뿐
명언도 상식도 자리 잡기 힘들다

초개로 살아라 초개는
용서를 잘하고 망각도 빠르다
기억을 못 해 욕질도 없다

하늘에 양심과 윤리가 뜨지만
인간은 양심을 멍에로 여기는가

이미 된 일인데

문틈으로 들어오는 달빛
밝다 하면 밝고 어둡다 하면 어둡다
사실을 보라 이미 된 일인데 이미 될 일인데
이것도 저것도 아닌 곳에 잡념이 있다
끝과 끝이 아닌 같은 성질이
저울추에 따라 기울어진다
좋은 마음은 좋은 쪽으로
나쁜 마음은 나쁜 쪽으로 기울어질 뿐
중간은 회색지대 잡념이 일어난다
잡념은 오해를 시비를 욕심을 부른다
회색지대를 없애라
밝다 하면 밝고 어둡다 하면 어둡다

혼자 상상하는

멋지다 가을 단풍
아는가 이미 단풍이 너를 반겼다는 것을
해야 할 답례 "나도 역시 고마워!"

산천이 준비한 인고의 절정
더 건너편을 짐작하면 신의 선물
화려한 단풍이여! 나도 반가워!
단풍의 귀는 나무꼭대기에
나의 마음은 구름에 닿는다

길을 간다
거리의 풍경은 형형색색의 어울림
이미 사람들이 나를 반겼다
해야 할 말은
"좋은 거리에서 반겨주는 당신이여!
나도 반가워요!"
발걸음이 가볍다
좋은 사람 좋지 않은 사람 있나
괜찮을 텐데 행복할 텐데

제4부

용꿈을 꾸는 아이

차창에 비친

밤 열차 차창에 비친
무심히 여행하는 그대여!
나는 너를 너는 나를
마주하고 있으나 말이 없다

너에게 무슨 말을 하랴
무심은 그만큼
삶의 무게를 털지 못한 무지無智인데

함께 앞으로 향하고 있으나
눈 둘 곳 없어 멀리
너의 배경에서 어둠을 밝히는
붉은 가로등만 헤아리다

빠르게 지나가는 아름다운 순간들에
감탄과 아쉬움이 동행한다면
너와 나의 인생 함께 가는 길
사라졌다 싶어도 남는 것은 남는다

홀로 있어 행복을

들리는 대로 들을 수 있는가
제 편한 대로 들을 것만 듣는
어리석은 짓을 놓지 못할까
자연에 귀 기울이면 들리는 대로 듣는다
풀과 나무는 고요히 멈춰 있어도
삶의 이치를 알고 있다
자연의 초목은 홀로 있어도 홀로가 아니다
초목은 온갖 잡음 속에서
홀로 지내는 법을 알고 있다
들리는 대로 듣는 것이지 조화를 부리지 않는다
많은 소문을 반기려고 머리와 귀에
무엇을 채우는가 지금 털어버려라
이미 이뤄진 것도 세월이 지나면 그때도
그 앎이 그대로인가 변질되어 있는가

홀로 있어 외로운가 무리를 벗어나면 두려운가
진정 홀로 있음을 즐길 줄 아는 자
사람을 자연을 사랑할 수 있다
홀로 있어도 홀로가 아닌
너만의 참삶을 만들어라
삶이 너를 반기리라 세상이 너를 반기리라

용꿈을 꾸는 아이

바람이 고요하다
아이의 꿈은 달리고
가오리연은 무심하다

바람이 달린다
아이의 신명에
가오리가 춤을 춘다

바람이 험난하다
가오리가 저 멀리
동심을 안고서
너풀너풀 사라지네

아이가 띄워 올린
부푼 희망은
얼레를 잡지 못해
마음까지 터져버렸다

바람은 알고 있다
아이의 꿈속에
가오리가 용이 되어
하늘을 둥실 난다는 것을

가지 않아야 할 길

운전하는 악몽들
어두운 밤 서늘한 숲에서 갑자기
검은 옷이 튀어나온다
바닷바람 몰아치는 모래폭풍에 화들짝
유리문을 닫는다
장대 소나기에 차가 길옆으로
미끄러지며 핸들이 먹통이다

알 수 없는 의문이 운전하는 찜찜함은 무엇일까
때로는 급정차하는 상상을 끌어들인다
원하는 대로 길을 가는데
낯선 이를 태울 것도 아닌데

가고 싶은 곳으로 가고 있는가
멈춤도 달림도 스스로 해야 하는 것
왜 끼어드는 악몽에게 덤터기 씌우는가
잠시 바보상자를 만들고 바퀴를 달았었다

그대로 두어라

흔적을 찾지 마라 남아 있으면 되는 것이지
미련을 두지 마라 아니면 그만이다

꽃은 다시 그 자리에 태어나지만
진정 그 자리는 아니다
걷지 못하는 꽃나무는 가지마다 천 리 길이다

너는 살아야 할 뿐이고 다시 태어난다
먼 길 떠나 다른 모습으로 돌아올 뿐이다
생사의 길이 천 가지 같지만
일체인 것을 왜 모르는가
생은 생으로 죽음은 죽음으로 그대로 두어라

그냥 둬

그냥 둬
장미 줄기에 달린 가시를 뽑아낼 수 있는가
장미의 본성은 아름다움
가시가 있어 더욱 도도하다
타인을 거부하는 가시에 장미의 고독이 있다
가시에 핏방울이 흘러내린다

장미의 세계
장미 가시를 피하여 향기에 노니는 나비
꽃잎의 노란 화분만 빨아들이는 벌
장미 한 송이에 행복을 느끼는 사람들
가시에 찔리면 아예 장미를 잘라버리는 사람들
장미는 이들에게 감정을 주지 않는 장미일 뿐

장미는 소우주의 모습으로 법칙을 만들어낸다
슬픈 사실은 장미의 향기를 느끼며 위안을
받아야 할 사람들은 장미가 어디에 있는지

어떻게 찾아야 하는지 헤매고 있다
지치고 약한 사람들은 한 송이 장미에도
미소 짓지만 장미에 신경 쓸 겨를이 없다

보이지 않도록 쳐진 높은 담장
장미꽃밭 주인은 유유하다는 소문이다
자주 바뀌는 일꾼마다 가위질이
현란하고 무서워 보인다
담장 밖으로 뻗어 나온 뿌리가 새잎을 내밀면
소중하고 아름다운 한 송이 꽃이 핀다
기웃거리며 위안을 얻는 자들의 몫이다
일꾼들의 웃는 소리가 묻어나온다
"그냥 둬! 꺾으면 가시가 제 역할을 할 테니까"
다행히 지나가는 사람들은
그냥 둬! 하는 소리밖에 들은 것이 없다

깃발로 점占치는

이상한 마을이 있습니다
흑백 분별 못 하는 색맹이 우글거리는
먼지 더미에서 보석을 풍물놀이를 찾아다니는
사람들이 사는 마을입니다
산꼭대기에는
흑색 백색 깃발들이 나부끼고 있습니다
사람들은 깃발에 영험을 바라며
흑백에 보물에 풍물놀이에 점占을 칩니다
이성을 대신하는 깃발들이 조용하면
마을 사람들도 조용해집니다
누렇게 묻은 혼탁한 깃발들이 계속 제멋대로
동쪽으로 서쪽으로 북쪽으로 남쪽으로
한 방향으로 흔들어댑니다
이상한 마을 사람들은 흑인지 백인지
황금인지 아닌지 알려고 하지 않습니다
바람을 기다리는 목석木石이 되었습니다

증세가 무엇이기에

이상한 병이 떠돈다
즐거울 때 즐거워하고 화날 때 화내고
멀쩡하게 돌아가다가 나쁜 것을 좋다 하고
좋은 것을 나쁘다 한다
이 병이 지나가면 땅이 시소처럼
들렸다 내렸다 하고 흙먼지가 자욱하다
치료자가 없는 전염병
돌팔이가 행여 잘못 건드리면 걷잡을 수 없다
병세가 가라앉을 때는 잠복하는 시기
피로하면 언제 터질지 모르는 병
만성慢性피로에 시달리는 이웃들은
멍 때리며 쳐다보고 있다
아! 증세가 무엇이기에

세상 이치는

세상 이치는 잘 변하지 않는 것
아이는 어른의 스승 어른은 아이의 스승

I
놀이터 둥근 원판이 돌아갑니다
아이들이 중심을 잡으며 동심을 굴립니다
게임의 법칙은 없습니다
중심을 잃거나 헛디디면 모두 나뒹굴게 됩니다

상상이 이 풍진 세상에 빠졌습니다
개구쟁이들이 발을 구르며 서로 떨어트립니다
발밑은 내려다보지 않고 바닥을 흔들어댑니다
쿵쾅거림에 온 심혈을 기울입니다
중심 잡고 잘 놀면 즐거울 터
어처구니없어 쓴웃음이 납니다

"애고머니! 저것들 언제 다 크나!"
옆에서 환하게 웃는 엄마 사랑에
헛발질이 멈췄습니다

Ⅱ

땅이 흔들거립니다
끼리끼리 중심 잡고 흔들어댑니다
삿대질에 흔들거리는 땅, 뒤섞인 고함 소리
도취된 승리, 비틀어진 소래기가 있습니다
게임의 법칙은 있어도 없고 없어도 있습니다
감정에 파묻힌 죽기 살기
서로 흔들면서 왜 흔들거리는지 모르는 땅따먹기

구경꾼들은 애가 탑니다
땅이 흔들리면 안 된다 하는 바람뿐입니다
자욱한 먼지에 잘 보이지 않아
무엇을 하고 있는지 걱정됩니다
"아이고, 저것들 언제 그만둘까"

영원함

들풀이 말랐다
다시 태어나지 않을 것
그러나 들풀은 있다

사람은 죽는다
대시 태어나지 않을 것
그러나 사람은 있다

탄생과 죽음은 하나다
있고 없음은 하나다
있을 자리에 무엇으로

거미줄에 걸린

거미줄에 걸린 곤충은 곤충이 아니다
거미의 솜사탕, 제 몸보다 큰 먹이
거미줄에 독을 바르고 수백 번 돌려댄다

지식을 궤변에 걸치면 거미줄이 된다
지식을 거짓 논리에 걸치면 독이 된다
날름거리는 거미가 독을 뿜어낸다
거미의 입속을 보는 자가 더 애처롭다

청춘은

그물망을 뒤흔드는 골인
함성으로 춤추게 합니다
청춘이 골을 향해 달려갑니다
수천 번 시도한 단련으로 원圓이 되어
높이 멀리 날고 싶어 합니다

가속을 품은 공
스스로 달리지 못합니다
공이 오래 멈추면
네모 세모가 되고 허공虛空만 남습니다

청춘은 스스로 청춘이 되기 어렵습니다
넘치는 에너지를 스스로 잘 알지 못합니다
우연히 언덕에서 굴러가는 공만 기억하지 마세요
골문을 향해 힘차게 뻗어가는 공을 갈망하세요

꽃은 스스로 열매를 맺지 못해
벌 나비가 찾아갑니다
나약해서가 아닙니다 세상 이치입니다
씨 뿌리며 상상하는 꽃의 미소는 어떤가요
백일까지 웃는 꽃을 보았나요
꽃봉오리는 웃는 꽃을 피우는 희망입니다

멋지게 날아가는 공에 환호하고
꽃에 미소 짓는 마음이
희망을 향한 세상 이치입니다

인생이 별건가

젊음아!
세상은 힘들다 그건 네 얘기야
세상은 좋다 그것도 네 얘기야
세상은 힘들다 하면 힘들고 좋다 하면 좋은 거야
네가 지금 말하는 것이 네 세상이야
알아차려라 세상을 순진하게 살지 마
연극처럼 큰소리치고 살아
화내고 싶으면 화내고 욕하고 싶으면 욕을 해
당당해 하고 싶은 얘기 다 해
변명하지 마! 네가 모르면 남들도 몰라
너보다 잘난 것 없어
열 가지 잘하고 한 가지 못한다고 주눅 들지 마
열 가지 못하고 한 가지만 잘한다고 주눅 들지 마

얼굴을 하늘에 두고 사랑해
너의 사랑을 기다리게 되어 있어
바닥 인생처럼 굴면서 남을 사랑한다 하지 마
가식이야 아무도 그런 사랑 원치 않아

할 수 있다 큰소리쳐!
넌 이 세상에서 단 하나뿐이야 네가 최고야!
고통은 없어 시냇물에 흘려버리듯
바닷물에 쓸려버리듯 아무것도 없는 거야
타인이 너를 사랑하는 것이 아니야
네가 타인을 사랑하는 거야
네가 축복하는 거야 세상은 너의 것이야

종이비행기

종이비행기가 동심을 기다리고 있었습니다
두 발로 걸으며
공기를 마시며 언덕에 올라갔습니다
어릴 적에 걸었던 두 발보다
느리게 걸었습니다

아름다운 경치에 행복하였습니다
종이비행기에 예쁜 하트를 담아서 날렸습니다
누군가 거기에 상상을 담겠지요
우리는 서로 모릅니다
알고 싶은 이유도 없습니다
날아가는 비행기 되돌아오길 바라지 않습니다
알 수 없는 상상을 나눕니다
종이비행기를 주운 사람도 한 번쯤
공중에 날려 보겠지요
나눔과 비움은 종이비행기와 같습니다

제5부

근원을 찾아서

어떤 믿음

말구유!
약속만 보이는가
사명이 보이는가

갈릴리 바닷가!
실천하는 사랑을 보는가
초능력의 매개로 보는가

십자가!
찔레 가시를 보는가
네온 빛으로 보는가

아!
진정 하나님의 아들로 믿는가
하늘 향한 이기심의 포장인가
아는 척한다 수십 년 헤매면서
십자가를 사랑을 기억하고 싶다

영원한 생명은

Ⅰ

내가 말하노라 나로 인하여 생명이 있느니라
왜 너희는 나를 죽이느냐
나는 다시 내려오리라
내가 상하면 너희도 상하게 되리라
너희가 나보다 귀하다고 생각하느냐
나는 너희에게 생명을 주는 물이니라
비와 눈으로 공기로 구름으로 너희 곁에 있느니라

Ⅱ

내가 말하노라 나로 인하여 생명이 있느니라
왜 너희는 나를 괴롭히느냐
나는 너희의 생명이라
내가 상하면 너희도 상하게 되리라
너희가 나보다 귀하다고 생각하느냐
나는 양식을 주는 초목, 너희 곁에 함께하리라

Ⅲ

내가 말하노라
나는 너희에게 시원한 그늘을 주었노라
나는 너희의 생명이라
너희는 내가 창조한 것을 귀하게 여기느냐
왜 너희는 나를 죽게 하느냐 나는 영원하다
너희가 상하면 내 마음도 상하리라
나는 너희들이 찾는 하나님이라
너희는 나 없이 존재하지 못하리라

오! 하나님 우리는 너무 오만하고 교만합니다
하나님이 창조한 모든 것으로
겸허하게 더불어 살게 하소서

어머니의 흰죽

어릴 때 엄마가 쌀로 흰죽을 끓였습니다
흰죽이 아른거려 아프고 싶었습니다
흰죽을 쑤면 나는 웃고 엄마는 우셨습니다
늘그막에 어머니의 사랑을
귀하디귀한 흰죽에 담아 봅니다
떠오르는 흰죽에 눈물이 배이지만 나는
어머니를 만들 수 없습니다
흐르는 세월에 실루엣으로
남아 있는 이미지로 그리워합니다

신은 나에게 모든 것을 주었으나
진정으로 표현할 수 없습니다
때로는 감사하며 때로는
멀리 두고 모른 체할 때가 많습니다
신이 주는 전능한 사랑을 이미지로 느낍니다
잡다한 생각들이 돌고 돌지만
신을 만들 수 없습니다
보릿고개 시절 어머니의 흰죽처럼 분명히 느낄 뿐

근원을 찾아서

이름 모를 산봉우리에 한마디씩 느낌을 미화합니다
봉우리는 부처 사람 얼굴 독수리가 됩니다
봉우리가 구름인가 구름이 봉우리인가 도취합니다
눈에 잡히는 이미지로 입 잔치하며
큰 소리가 작은 소리를 삼키고
봉우리는 한 줄기 근원이 되었습니다

원리 진리 잡담 자기고집 무엇이든
한 줄기 출발점은 있는 법
시작은 참으로 자신에게서 출발합니다
큰 소리에 묻히어 진정한 근원이 미미微微해집니다
나도 입 잔치에 한마디 거들 뿐
그것을 안다면 봉우리가 되었겠지요

타인의 감탄사에 묵묵한 입들이 너무 많습니다
신이 난 입 잔치가 봉우리를 하늘로 밀어 올립니다
세월이 흘러 봉우리는 신성한 곳이 됩니다
굵직한 한 줄기 참근원이 어딘가에서 웃고 있습니다

오만일까

신은 자연에 모든 것을 두셨다
자생력도 주었다

예외의 피조물이 있을까 모든 것은 동등한데
인간의 오만과 편견으로 가려져 있는 것은 없을까
애완견에게 영혼이
있다 하다가 궁극에 없는 것이 좋을까
없다 하다가 궁극에 있는 것이 좋을까
궁극은 우리가 알 수 없는 일

신은 인간에게 모든 것을 주었을까
자생력만 주었을까
절대적인 판단능력을 주었을까
강아지보다 못한 인간들도 많은데
삼라만상에 가장 바닥 품질이 인간인데

거룩함에 기대었던 미미微微한 파편破片으로
영원을 꿈꾸는 인간인데

침묵묵상

눈을 닫아라 눈은 욕심을 채운다
입을 닫아라 입은 냄새를 풍긴다
귀를 닫아라 귀는 날것을 채운다
뚜껑을 눌러 숙성시키면 쓰디쓴 약으로
구수함으로 천 리를 간다
비로소 보이리라 들리리라 편안하리라

침묵이 두려운가
눈가에 아름다운 주름이 있지 않는가

까치가 입을 열면 세속이 되고 입을 닫으면 자연이다
말 없는 신은 말없이 자연을 만들었다
너도 자연이다
신은 눈을 열고 귀를 열고 말없이 너를 보고 있다

신의 침묵은 너의 자유가 되고 너의 침묵은 영광이 되리라
신과 제대로 대화하고 싶은가
타인과 제대로 어울리고 싶은가 침묵으로 향기를 품어라

이미 기적인데

소주로 시간을 만드는 기적이 있었다
넘치는 잔에는 불안 분노 핑계가 흘렀다
해가 뜨면 후회가 되는 그것은 사이비
시간 죽이기의 연속이었다
자기 살을 물어뜯는 짐승이 되는 기적이었다
눈치로 꼬리 내리는 강아지도 먹지 않는
허울의 기적이었다

하늘을 바라보라
구름에 유유히 흐르는 시간이 있다
땅을 보라
바람 같은 시간에도 생명들이
기적을 만들고 있다
살펴보라
삼라만상의 기적을
하찮은 일상으로 밀어내고 있지 않은지
스스로 시간을
자유자재로 다루는 신으로 착각하고 있는가

세월은 넘치는 잔이 아니요
유유히 흐르는 구름이다
구름은 비가 되어 안개가 되어
하늘에서 내려와야 하는 순간이 있을 뿐
매 순간 기적을 만들고 있다

세월을 느끼는가
비를 만나고 안개를 만나고 생명수를 만나는
기적이 곁에 있다
시공간 초월하여 이미 기적인데 기적을 바라는가

나는 누구인가

나는 내가 아닙니다 나는 누구입니까
내가 나에게 묻지를 못합니다
불쏘시개 하나도 태울 수 없는
호흡하면 지랄하고 변덕 부리는 마음
가라앉히지 못하여 신의 소리를 빌립니다
선한 마음 악한 마음이 서로 싸우고
악한 마음이 가시껍질 고슴도치가 됩니다
나는 무엇입니까 내가 나에게 묻지 못합니다
입을 닫고 싶으나 닫으면 눈알이 튀어나옵니다
나는 어디에 있습니까
명언 성인의 말 신의 말이 한순간의 마약일 뿐
일용할 양식을 간구할 때
일용할 미소도 있었습니다
침묵이 지혜라면 다 내려놓고 버리겠습니다

진정 나를 어디에서 찾아야 합니까
목이 무거워서 땅에 닿아
하늘을 쳐다볼 수 없습니다

나는 누구입니까 나는 무엇입니까
내가 나에게 해답을 줄 수 없습니다
나는 나를 알지 못합니다 길 잃은 중생입니다
나만의 공간에 머물 수 있는 길은 없습니까

놓아버리고

오! 신이여!
하늘을 향하면 왜 눈물이 나는가
이것은 진정 무엇에서 기인하는가
신을 바라보고 웃을 수 있을까
왜 신을 향하여 물음만 있는가
나 스스로 신을 기쁘게 할 수 없는가

웃어도 웃는 것이 아닌 이것은 무엇인가

신이 좋아하는 놀이는 퍼즐 게임인가
온통 흐트러진 것들에 대한 답답함만 생기고
하늘에 대고 고래고함을 던질 수도 없는 일
조합調合 못하는 이것이 신의 장난인가 신의 은총인가
나를 확실히 알면 얼마나 더 괴로울까
퍼즐에 파묻힌 인생이 더 행복인가

아! 죽어 있는 시간들이 얼마나 많은가

진정한 신을

진정한 신을 만나고 싶다

중세 대성당 벽을 가득 채우는
신의 후광으로 장식되어 신격화된 조각상들
알게 모르게 흔적을 핑계하고
대리석이 뼈가 되어 성수를 마시고 숨을 쉬고 있다
익히 알려지면 성자가 되고 신앙의 원천이 되는가
예수의 제자들이 다른 방법으로 다른 신이 되고 있는가
저들은 이 땅이 천국이요 하늘에서도 천국인가
찬란한 기둥을 받치고 있는 노동의 고통
거룩한 하늘이 보이지 않는다
아! 숭모하는가 계시를 주는가
진정 알 수 없는 길이다

섭리攝理

들꽃의 생명은 바람
바람이 있어 생명으로 돌아가는 씨앗
들꽃 한 포기에 바람은 신적인 존재

사람의 생명은 언어
한마디가 입소문을 타면 생명 씨앗이 움튼다
통하는 언어는 심장에 하트를 만든다

강아지의 생명은 꼬리
마냥 흔들리는 꼬리에 순종을 달고
주인은 꼬리에서 자신에게 없는 것을 찾는다

신의 섭리를 있다가 사라지는 바람으로 여기는가
귀 기울여라 신의 음성은
바람 소리에서
시간이 멈추는 입술에서
닫힌 문틈에서
햇볕처럼 찾아오는 생명

신은 너에게 영원성을 나타내는 상징을 주었다
날마다 너의 생명은 어디로부터 오는가
너의 생명은 무엇인가
죽어도 죽지 않는 생명은 무엇인가
조용히 두 손을 모아라

소망所望

궁극이 소망으로만 될 수 있을까
지나친 장밋빛은 흑색인가
지나친 긍정은 허무虛無인가
현실에 소망을 소망에 현실을 가져라

새봄에 생기 돋는 감나무는
잎을 피우고 열매 맺고 결실을 이루어도
감나무는 쇠잔해지는 겨울을 알고 있다
흐트러짐 없는 반복에 새잎이 다시 찾아오리라

삶의 애환이 바라는 소망을 밀어내는가
들판을 보라 자연의 윤회輪回를 보라
신이 만물에게 '일상의 윤회'를 주었다
영생을 진정한 일상의 윤회에서 찾아라
영혼이 영생을 바랄지라도 육체는 윤회에 있다
윤회가 너의 소망을 위한 거울일 수도

같은 언어 다른 의미

사랑
하나님은 사랑한다 하고
우리는 사랑을 갈망한다

죄
하나님은 죄를 멀리하라 하고
우리는 죄짓고 용서받을 수 있다 한다

생명
하나님은 생명을 약속하고
우리는 영생을 보장받으려 한다

의지
하나님은 의지로서 인내하고
우리는 의지로서 간구한다

믿음
하나님은 이미 준 것을 믿으라 하고
우리는 믿으니 달라고 하는가

신을 향한 사랑은

사랑은 묘약, 쓰고 고통스럽고 먹기 힘들다
녹으면 한 조각 치즈처럼 뭉개지는 것
자존심이 걸레처럼 찢어져도 가슴 한켠에
온기가 있다면 그게 사랑의 불씨가 되리라
사랑의 행세를 할 뿐
진정한 성자의 사랑은 남의 이야기다
기쁨이 시간을 밝게 하면 사랑이 나타났다가
슬픔이 시간을 어둡게 하면 사랑은 사라진다
반복되는 흐름 속에 사랑은
무덤덤한 삶으로 변해 있을 뿐이다
사랑은 입술의 맹세가 아니라
신을 향하여 손짓하는 신호인 것을

신을 향한 사랑에 자만하지 마라
진통을 견뎌라 부드러운 씨앗이 딱딱한 껍질 속
암흑에서 다시 일어나는 생명처럼
껍질만 보고 말라비틀어졌다 오해하는 허상이여!

겸손한 마음속에서 우러나온 삶의 시심詩心

박영교(시인 · 문학평론가)

시집 『동행』은 이경우 시인이 세 번째로 상재上梓하는 시집이다. 그는 경영학 박사학위를 취득한 뒤 심리학을 전공하는 학구적인 시인이다. 인간의 참삶이 무엇인가를 자연에서 깨달아가는 시인이며 일상생활 속에서 스스로 삶의 참가치를 추구하는 시인으로 알고 있다.

매슬로우(Abraham H. Maslow)의 욕구 5단계에서 보면 4단계 존경 및 명예(안정과 존중)의 욕구, 그 위에 5단계 자기실현(자아 완성)의 욕구는 인간 욕구의 최고 정점 꼭대기가 된다. 우리 사람들은 그 욕구를 성취하기 위해 순조롭게 순리로 해결해나가며 덕을 쌓아가는 사람들이 있는가 하면 어떤 필요에 의해 자신의 격을 업그레이드시키려는 사람들도 있는데 그런 부류는 자신의 네임벨류(Name Value)만을 높이기 위해서 수단과 방법을 가리지 않는 사람들이다.

이경우 시인은 그러한 과정이나 단계를 훨씬 넘어선 시인이다. 문학에 심취해서 작품집을 내는 지덕知德을 겸비한 시인으로서 존경함을 금치 못한다.

첫 시집 속의 작품은 그 작품이 우선 짧으면서 생각할 수 있는 여백과 그 여유를 독자들에게 주었다. 대부분의 작품이 길지 아니하고 그런 작품 속에서 시인의 능력이 돋보였다. 어려운 시적변용詩的變容 없이도 출중한 시력詩歷으로 첫 시집을 통해 훌륭한 시인의 면모를 내보였다.

이경우 시인의 제3시집은 전 5부로 나누어지고 있다. 제1부 흙에 살리라 14편, 제2부 삶의 흔적 14편, 제3부 그대로 있어라 14편, 제4부 용꿈을 꾸는 아이 14편, 제5부 근원을 찾아 14편 등 총 70편의 작품을 싣고 있다. 몇몇 작품을 제외한 대부분의 작품이 제1시집의 작품보다 호흡이 길면서 자연 친화적인 작품들이다. 현실적 사연과 필연적 사고를 통해 작품을 구사해낸 것으로 볼 수 있다.

잡초라 불리는 들꽃
산야가 위대함은 들꽃들이
이름을 남기지 않기 때문입니다
그 이름을 불러주지 않아도 스스로
온 산야에 흔적을 남깁니다
보듬어주는 손길이 없어도 스스로
예쁜 꽃을 바람에 날립니다

키워주는 이 없어도
앙증맞은 모습이 자랑스럽습니다

—「동행同行 1」 일부

이경우 시인은 이 작품을 통해서 많은 사람이 함께 이 세상에 같이 살고 있지만 나 자신에 대한 존재를 드러내지 아니하고 살아가면서 함께 동행하는 그 사람들로 인해 자신을 은연중에 드러내는 미덕을 「동행同行」이란 연작을 통해서 표출하고 있다.

그 들꽃들은 이름 없이 존재감 없이 살아가지만 바람은 들꽃의 존재감을 알고 그들의 씨앗을 날려서 퍼뜨려준다. 아무 이해타산도 없는 바람의 도움을 받아 이 세상에 자신의 근원을 흩어서 심어주는 고마움을 스스로 깨닫게 되어 행복함을 느낀다.

우리 사람들도 아무도 도움을 준 적이 없는 사람들로 인해 도움을 주고 또 도움을 받으면서 서로 동행해가면서 세상을 함께 살아가는 것이다. 보편적 생의 철학이 내포된 중심이 깊은 작품이다.

신은 흙에 영생의 열쇠를
인간은 하늘에 영생을 두는가
주어진 삶에서 무엇을 하였기에
'신과 함께' 꿈을 꾸는가
'저 푸른 초원'에 만족하라
욕심아! 흙을 비비어보라

무엇을 느끼는가 무엇이 보이는가

—「흙에 살리라」 일부

작품「흙에 살리라」를 읽으면서 '이경우 시인은 기독교인이 아니겠는가?' 추측해본다. 제1시집에서는 이경우 시인의 종교에 대해서 잘 모르겠다고 했는데 이 작품을 통해서는 '기독교인이 아니겠는가?'를 추측하게 된다. 왜냐하면 신(God)의 존재에 대해 언급한 데에서이다.

"그때 주 하나님께서 흙의 먼지로 사람을 빚으시고 그 코에 생명의 숨을 넣으시니 사람이 생명체가 되었다."(『창세기』 2:7) 그리고 『고린도전서』 15장 49절에는 우리가 흙으로 된 그 사람의 모습을 지녔듯이 하늘에 속한 그분의 모습도 지니게 될 것이라고 했다.

그러므로 우리는 흙에서 왔으므로 종국에는 흙으로 돌아가는 것이 숙명적이라고 보는 것이다. 그래서 이경우 시인은 신(God)이 주신 흙으로 인해 마음의 평온을 얻는다고 했다.

사람들은 흙에서 와서 육신은 흙으로 돌아가고 영혼은 하늘나라의 영생을 바라보며 일생을 봉사하고 욕심 없이 조용히 살아가는 것이 인생이라는 것이다.

터줏대감 노송들이 들려주는 금정산 이야기는
느릿느릿 걸어야 귀에 들어온다
굽이굽이 돌아가는 금정산성

아흔아홉 고개 병풍처럼 휘감고 있다
솔향기에 취한 여름 바람이 인도하는 산길은
가슴에 스미는 시원함을 뿜어낸다

… (중략) …

허물어지도록 몸 바쳐 나라 지킨 금정산성
무명 영혼들 한 땀 한 땀이 초목을 호령하는데
승리의 춤판을 벌이는 니케의 치맛자락이 점점
산성 성벽을 감싸 안는다
터줏대감 노송들이 굽이굽이
산성山城을 감고 긴 팔 흔들며 화답하고 있다

—「금정산성」 일부

「금정산성」 작품을 통해 시인의 나라 사랑을 엿볼 수 있다. 우리가 살아가면서 역사적인 발자취를 알고 지금 앓고 있는 이 나라의 어려움을 이해하고 고쳐나가야 함을 외치듯 썼다.

'금정산성金井山城'은 부산광역시 금정구 금성동에 있는 삼국시대의 성곽이다. 1971년 2월 9일 대한민국 사적 제215호로 지정된 산성이다. 이 산성은 임진왜란 때 왜군과 싸웠던 무명의 용사들이 흘린 피, 고통, 숭고한 넋이 성벽의 돌마다 스며들어 있음을 시인은 작품 속에서 언급하고 있다.

스님의 독경 소리 산을 넘고 넘어 구름이 됩니다
바라보는 구름으로 스님을 짐작합니다
알 수 없는 독경은 세속을 벗어나
맑은 산야에 퍼지고 점점 고요히
귀 기울이니 마음이 평안합니다

혼자서 가끔 중얼거리는 버릇이 생겼습니다
늙어서인지 아이로 돌아가는지 알 수 없습니다

스님 소리에 산이 있고 골짜기가 있습니다
명상하는 마음에도 산이 있고 골짜기가 있습니다
스님의 산 중생의 산 서로 같은 산이겠지요

—「스님의 독경 소리」 일부

우리가 살아가면서 어지간한 잡다한 일들은 귀찮아서 생략한다. 나이가 들면 그렇게 되는 것이 통례가 된다. 그래서 나이 들면 노송과 같아서 마음속은 젊고 푸르지만 행동은 빠르지 못하고 손만 가면 깨지고 흩어지며 아이들처럼 모든 것이 작아지는 것이다.

조용한 사찰에 가서 스님의 일들을 생각하게 하고 세속을 벗어나 스님의 독경 소리가 잡다한 마음을 평온하게 한다. 감정이입感情移入으로 자신이 스님처럼 앉아서 묵상하면서 영원한 사바세계를 떠나 있는 것처럼 명상을 하며 느끼게 된다. 그러므로 조용한 산은 나와 동일시될 뿐만 아니라 더불어 물아일체物我一體가 되는 것이다.

바람이 귀를 닫는 사월 초에
눈이 내리듯 소리 없이
하얀 목련화가 나무에 앉다

은은한 자태
나비도 비켜갈 만큼
건드릴 수 없이 고요하다

스스로 드러내지 않아도
더 멀리 퍼지는 웃음 향기

벌 날갯짓에 목련꽃이 웃는다

—「목련화」 일부

이경우 시인은 삶에 있어서도 깨끗한 삶을 살아가는 시인임이 작품 속에 녹아 있다. 작품을 통해 보는 시인의 품위가 깨끗함을 증명해 보이는 것이다.

하얀 목련화가 나뭇가지에 눈이 내리듯 소리 없이 내려앉아 하얗게 앉는 것을 보면서 신비스러움을 느낀다. 처음 목련화의 피는 자태는 나비도 비켜갈 만큼 우아하고 곁에 갈 수 없이 신비스럽다는 것이다. 목련의 자태가 곧 시인 자신의 모습인 것이다.

"스스로 드러내지 않아도/ 더 멀리 퍼지는 웃음 향기" 작품의 진수를 보여주는 문장이다. 이경우 시인의 시적 잠재력은 어느 시인도 따라갈 수 없는 무진한 능력의 소유자인 시인이다. 사물을 의인화시켜서 감정이입感情移入을 시킨 작품으로 인간이 살아가는 데에는 겉으로는 아무렇지도 않게 웃고 사람들을 대하며 살아가지만 모든 사람은 대부분 거의 다가 한곳에는 아픔을 안고 살아간다. 진실은 향기같이 풍김을 시인은 알고 있다. 시인의 진실한 눈은 말하고 있다.

꽃은 꺾으면 아파한다
강아지도 미워하면 슬퍼한다
꽃은 꽃의 세계에서
강아지는 강아지의 세계에서 생명을 누린다

만물은 모두 그 세계에서 순응하는데
인간은 다른 영역에 돌멩이를 던진다

인간도 그 일부분인가 아닌가
간섭 무절제는 남의 세계를 기웃거리는 무기

—「소우주」 전문

이경우 시인의 작품 「소우주」를 음미해보면 동물이나 식물 그리고 사람들의 세계에는 서로가 그 세계에 순응하며 살아가야 한다는 철학적인 삶의 철칙이 담겨 있다.

사람을 잘 따르고 인간이 케어해주는 애완견도 자기 자신이 최선을 다해서 봉사함으로써 얻을 수 있는 그 무엇을 바라볼 수 있다. 꽃도 그렇듯이 자신이 낼 수 있는 향기를 최선을 다해서 봉사하게 되는 것이 자신의 의무라는 것을 안다면, 우리 인간도 살아가는 동안 자신의 역할을 다하게 된다면 그것이 자신이 처해 있는 공간에서 바라는 소우주가 되는 것이 아닌가 한다.

고요한 자연이 허용하는 것이 있다
바람을 유혹하는 새들의 날갯짓 풀벌레들의
하모니 소리다
고요한 자연에 마음을 담그면
잡념의 덩어리는 한낱 재가 될 뿐

새로운 느낌으로 음미하는 나
눈길 한 번 주지 않던 나뭇잎 꽃잎이 비로소
나를 향해 웃는다 웃는다 웃는다
아! 이들은 사라지는 법이 없구나
흙으로 날아오를 뿐
흙이 곧 하늘 다시 흙으로 되돌아온다

—「되돌아오는 고요」 일부

이경우 시인의 작품 「되돌아오는 고요」는 인간이든 동식물이든 간에 불교의 정신인 윤회설輪回說을 바탕에 깔고 있는 작품이다.

자연을 바라보고 있으면 고요가 되돌아오고 그 고요를 가슴에 담고 있으면 또한 자연과 연결되고 그것은 바람과 맑은 공기, 향기로운 풀냄새와 연결되면서 풀벌

례의 하모니와 어울리고 가을에는 자연적으로 떨어지는 조락凋落의 계절에 접하게 되는 것이다.

새로운 느낌으로 나뭇잎, 풀포기, 꽃잎들은 다시 흙으로 되돌아가고, 그 정신은 하늘로 올라가서 다시 흙으로 되돌아오는 섭리를 시인은 말한다.

시인은 계절의 윤회뿐만 아니라 삶의 끝에서 끝으로 돌아오는 하나의 윤회적輪回的 삶의 고리를 풀어놓았다.

도로변 한편에 채소 파는 할머니
매서운 겨울바람이 머물러 있는 얼굴
억센 손마디 좌판에 얹은 시린 무릎이
할머니의 시계를 돌린다
텃밭 농사는 자식 농사요 삶의 터전이겠지
패인 주름살 삐걱거리는 무릎
바싹 마른 몸매 찡하는 마음이다
적당히 체념하고 놓아버리는 지혜도 생겼으리라
눈은 채소 껍질에
마음은 무심한 군중에서 동행을 찾는다

할머니가 환하게 웃었다
굵은 주름에 펴지는 감사의 미소
세상 다 얻은 모습으로 까만 비닐봉지에
미소를 꾹꾹 담아 누른다
할머니 등 뒤에 자식이 어른거렸다
한 겹 한 겹 벗기는 채소에
한 겹 한 겹 사랑을 입힌다

할머니는 늙지만 엄마는 영원한 동행이 있다

—「동행同行 2」 전문

농촌에서 아이들을 어른으로 성장시키는 일에는 가난이란 난제가 따라다닌다.

이경우 시인의 작품 「동행同行 2」는 우리들 삶의 현장에서 얻어진 소재로 쓴 작품이며 우리 농민들의 삶의 애환을 담은 작품이다.

"도로변 한편에 채소 파는 할머니"는 이 시의 첫 행이다. 시가 아름답다는 것은 시 그 자체가 인간(시의 독자)의 순간 또는 전체를 감흥의 함정에 빠져들게 하기 때문인 것이다. 즉 감미로운 시작詩作 표현력과 시의 상징적 내면세계의 감흥이 독자들의 정신세계와 일체가 된다는 것이다. 우리 인간사 속에서 아름다운 마음의 소재이면 어느 작품이든 외면할 수 없는 정서적 가치가 좋은 시를 빚어내는 것이다. 이것은 바로 우리 인간의 미에 대한 탐구력과 체험으로 얻어진 편린片鱗이라고 본다.[1)]

작품 「동행同行 2」를 읽어보면 텃밭 농사를 지어 그 채소를 팔아서 삶을 영위하면서도 환하게 웃으면서 살아오신 할머니, 그 할머니 등 뒤에는 할머니의 손에서 큰 자식들이 있어서 고단함도 희망이, 웃음이 되는 것이다. 시인은 그 눈에는 보이는 도로변 한편에 채소 파는 할머니의 마음을 즉 엄마의 사랑을 그려놓았다.

---

1) 박영교, 『시의 운율과 미학』, 도서출판 천우(2019), pp.81

지나온 인생을 알고 싶은가 산길을 걸어보라

산이 천천히 말을 한다
너는 언제 뛰어다닌 적이 있는가
뛰었다 해도 거북이걸음인 것을

굽잇길 좁은 길 넓힐 수 있는가
천천히 걸어라 더디면 더딘 대로

—「여정旅程」 일부

작품 「여정旅程」 속에는 우리가 살아가는 보법步法이 들어 있는 작품이다. 이경우 시인은 세상을 살아가는 삶의 보법步法까지도 훤히 알고 있는 시인이다.

완급을 조정할 수 있는 보법은 우리 생활에서도 꼭 필요한 삶의 원천인 것이다. 좁은 길 또는 굽잇길 거북이걸음, 더딤과 천천한 걸음걸이로 보법을 가늠하면서 살아가야 한다는 것, 산을 걸어서 다시 원점에 도달한다는 것은 또 다른 출발점이라는 걸 알아야 한다.

오르내리며 만나는 사람들과의 미소는 그것이 산이 아니고는 있을 수 없는 것이다. "가본 산길도 다시 가보면 낯설다" 우리에게는 살아갈 길이 아직 멀지만 화려한 날들만 남아 있는 것이 아님을 시인은 독자들에게 알려주고 있다. 귀를 열고 천천히 들으라. 모든 자연의 소리와 향기가 여정의 곳곳에서 기다리고 있음을 알린다. 산에 올라서 천천히 걷고 내 짐을 내리는 마음이 가벼우면 그것이 즐거움이라는 것을 시인은 알려준다.

Ⅱ
가까이하는 벗이
멀리
가버렸다

무더운 바람에 지쳐
가을을 그리워하며
떠나고 싶었겠지

훗날 내가 떠날 때
그 벗을
부르지 않으리

—「한 줌 흙으로」 일부

앞에서 언급했듯이 "하나님이 흙으로 사람을 지으시고 생기를 그의 코에 불어 넣으시니 사람이 생령이 된지라"(『창세기』 2:7) 결국 사람은 흙에서 와서 한 줌의 흙으로 돌아가는 것이 철칙이라고 보는 것이다.

이경우 시인의 의형義兄이 죽어서 문상할 때 영정을 쳐다보는 그 순간 말을 못 하고 눈물로 상주의 손만 잡았다. 이승을 떠난 의형의 모습을 생각하며 한 줌의 흙으로 돌아가는 것이 근본임을 시인은 잘 안다. 마지막 끝부분 연이 인상적이다. "훗날 내가 떠날 때/ 그 벗을/

부르지 않으리"

겨울잠을 자고 싶다
추위가 끈적끈적 잠을 묻히고 몸을 감는다
가만히 있으면 잠이 쏟아진다
겨우내 깨지 않고 싶다
동면이 지나는 봄에 새순 되고 다시 힘을 얻겠지
동식물의 한계를 알면서 자신의 한계는
길게 늘어뜨려 천 리를 만든다
나도 동물이라 겨울잠은 당연한데 잊고 살았네
늦게나마 겨울잠을 챙기며 굴레를 벗기니
마음이 행복하다
굴뚝으로 피어오르는 장작 타는 냄새가 좋다
온몸을 사르며 불타는 나무도 생명이 있었다
좋은 냄새로 기억되는 나무
춤을 추는 연기 되어 겨울잠으로 떠나고 있다
긴 겨울밤 겨울잠을 준비하는 시간이다
봄이 나를 깨우는 초록 꿈을 꾸자

—「겨울잠의 행복」 전문

이경우 시인의 「겨울잠의 행복」은 무엇을 의미하는가? 시인은 시의 첫 행을 "겨울잠을 자고 싶다"라고 했으며 "겨우내 깨지 않고 싶다"라고 표현하고 있다. 왜일까? 나라가 어수선한데 북한은 탄도 미사일을 쏘아 올려서 더욱 추운 계절을 만들고 있고, 세상이 너무 추운 계절에 와 있음을 안다. "굴뚝으로 피어오르는 장작 타는 냄새가 좋다"고 시인은 말한다. 그 옛날에는 그 나무도 생명력을 가졌었는데 지금은 좋은 냄새로 기억되며 연기로 겨울잠으로 춤을 추며 피어오르고 있음을 안다. 마지막 연에서 시인은 긴 겨울 그 겨울잠에서 "봄이 나를 깨우는 초록 꿈을 꾸자"로 새 희망을 꿈꾸며 작품을 끝맺고 있다.

산이 있어도 무심하다
볼 수 있는 눈이 없어서

안개 걷히니 비로소
산이 보인다

어라! 저기 나무가 있었던가

—「무심無心」 전문

작품 「무심無心」은 이경우 시인의 작품 중에 가장 짧은 작품이다.

이경우 시인이 왜 「무심無心」이라는 작품을 산으로 엮어서 놓았는가를 생각해본다. 옛날 사람들은 어진 사람은 산을 좋아하고 지혜로운 사람은 물을 좋아한다고 했다. 그래서 요산요수樂山樂水라 했었다.

산을 좋아한다는 의미는 산이 정적이면서 오래가도록 변치 않는 속성이 있음을 의미하고, 지혜로운 이가 물처럼 움직이며 활동적인 속성을 닮았다는 뜻이다. 시인의 작품 속에는 주위가 안개로 뒤덮여 있어서 볼 수가 없어서 못 보고 있는데 안개 걷히고 난 뒤에 보니 그곳에는 큰 산이 있고 나무도 서 있음을 볼 수 있었음을 알 수 있었다고 했다. 진실은 가려져도 언젠가는 드러나는 것이다.

눈을 감으면 편안히
나를 볼 수 있다

눈을 감으면 사랑은 고요히 남아
억지 갈망을 차단하고
일상의 속도를 늦출 수 있다

미움은 눈꺼풀에 깔리고
명상에 밀려 조용하다

새로운 심상이
평정 평온으로
세상을 다시 펼치다

눈을 감으면 편안히
나를 볼 수 있다

—「눈을 감으면」 전문

이경우 시인의 작품 「눈을 감으면」은 수미상관법首尾相關法으로 구성한 작품이다. 이 작품은 모든 시인에게 주는 시사점이 많은 작품이다.

한 시인의 눈과 귀는 오히려 보이지 않는 것을 보아 내는 힘이 있어야 하고 들리지 아니하는 것들을 들어 내는 끊임없는 작업의 연속이어야 한다.[2)]

그러므로 시인은 눈을 감아도 볼 수 있어야 하고 귀를 막아도 들을 수 있어야 하며 냄새만 맡아도 그것이 무슨 음식인가를 유추할 수 있어야 하는 것이다.

금정 산성마을 어귀
벚꽃 거목巨木들이 무지개 길을 만든다
초록 분홍이 조화로운 봄을 지나
붉디붉은 가을이 정열적이다
벚꽃 거목은 늘어진 가지로
작은 초목들에게 겸손하다
찾아드는 사람들은 벚꽃의 정취를 보는 것일까
거목의 역사를 짐작하는 것일까

—「그대로 있어라」 일부

이경우 시인은 금정산성 마을 어귀에 무지개 길을 만든 벚꽃 거목巨木들이 봄보다는 가을이 더욱 정취가 좋으며 그 벚꽃 거목들은 작은 초목들에게 겸손하다고 한다.

---

2) 박영교, 『시와 독자 사이』, 도서출판 청솔(2001), pp.124

사람들은 그 벚꽃 거목들의 역사를 자랑하면서 사람들의 시선을 끌고 있는 것이다. 그 거목들은 오직 묵묵히 서 있을 뿐 아무 말도 없이 서 있을 뿐이다. 전쟁 당시에 그 거목들이 웅크리고 앉아서 수군거렸다면 벌써 연기로 사라져버릴 수도 있었을 것이다.

자연의 순리에 벗어나지 않고 꾸준히 살아 있었기 때문에, 한결같은 마음으로 참고 또 참았기에 오늘도 내일도 그 아름다움의 정취가 존재하는 것이다.

행복은 보물찾기
행복이 숨는 곳이 어디일까
발밑에 길바닥에 돌 밑에 숲속에 절벽에
등 뒤편에 어디든 숨어 있습니다
행복은 우연히 바람에 실려 찾아옵니다
행복은 구름 위에서 찾는 이를 갈망하게 합니다
가장 찾기 어려운 행복은 불행 속에 숨어 있어
고통스럽게 찾아야 합니다
한 곳에서 목숨 걸지 말고
어디에서든 행복을 찾아야 합니다

마음이 행복을 찾아 나설 때 행복은 이미
그 마음을 간절히 기다리고 있습니다

… (중략) …

신은 축복을 위해서 행복을 감추고 있습니다
신은 행복의 비결을 주려고
행복을 갈망하는 자를 찾아다닙니다
신과 행복이라는 끈으로 연결된 존재들을 위하여

—「행복」 일부

흔히 말하기를 행복은 가장 가까운 곳에 있다고 한다. 또는 행복이란 노력에서 오는 것이라는 윌리엄 블레이크가 한 말에 긍정을 표현하는 이도 있다. 또한 아나톨 프랑스는 "행복이란 남에게서 받는 것이 아니라 내가 남에게 주는 것이다"라고도 말했다.

이경우 시인은 행복은 보물찾기라고 한다. 발밑에, 길바닥에, 돌 밑에, 숲속, 절벽, 등 뒤편에 어디든 숨어 있다고 했으며, 가장 어려운 행복은 불행 속에 고통스럽게 찾는 행복이라고 했다.

마음이 행복을 찾아 나설 때 이미 행복은 그 마음을 기다리고 있으며, 놓아버린 행복을 찾는 어리석음, 마약을 찾듯 행복을 찾으면 그 행복은 마약이 된다고 시인은 노래하고 있다.

또한 신(God)은 축복을 위해 행복을 감추고 있다고 한다. 또 신(God)은 행복을 갈망하는 자를 찾아다닌다고 시인은 언급하고 있다.

밤 열차 차창에 비친
무심히 여행하는 그대여!

나는 너를 너는 나를
마주하고 있으나 말이 없다

너에게 무슨 말을 하랴
무심은 그만큼
삶의 무게를 털지 못한 무지無智인데

함께 앞으로 향하고 있으나
눈 둘 곳 없어 멀리
너의 배경에서 어둠을 밝히는
붉은 가로등만 헤아리다

빠르게 지나가는 아름다운 순간들에
감탄과 아쉬움이 동행한다면
너와 나의 인생 함께 가는 길
사라졌다 싶어도 남는 것은 남는다

—「차창에 비친」 전문

이경우 시인의 작품 「차창에 비친」은 마치 일본의 소설가 가와바타 야스나리川端康成의 중편소설 『설국(눈의 고장)』에 나오는 내용을 떠올리게 하는 장면을 생각해 본다.

밤 열차 차창에 건너편의 상황이 차창 속에 비치는 그런 장면이 표현되는데 이경우 시인의 작품 속에는 그런 장면도 장면이지만 밖의 광경이 빨리 지나가는 순간들에 아름다운 감탄과 아쉬움에 대한 동행하는 너와 나와의 인생행로에 사라졌다고 생각되어도 남는 것은 언제나 남는다고 시인은 언급하고 있다.

아이가 띄워 올린
부푼 희망은
얼레를 잡지 못해
마음까지 터져버렸다

바람은 알고 있다
아이의 꿈속에
가오리가 용이 되어
하늘을 둥실 난다는 것을

—「용꿈을 꾸는 아이」 일부

작품 「용꿈을 꾸는 아이」는 정월 대보름날 어른 아이 할 것 없이 푸른 하늘 위로 연을 날려 보낸다. 올 한 해 가정과 자신에게 있는 모든 액을 하늘로 날려 보낸다는 생각으로 연을 날린다.

이경우 시인의 이 작품은 아이들의 신명 나는 연날리기를 보면서 가오리연을 날리면서 자신이 날리는 연이 부푼 희망을 싣고 가오리연이 아이의 꿈속에 한 마리의 용이 되어 두둥실 날아오른다는 것을 생각하고 있다.

말구유!
약속만 보이는가
사명이 보이는가

갈릴리 바닷가!
실천하는 사랑을 보는가
초능력의 매개로 보는가

십자가!
찔레 가시를 보는가
네온 빛으로 보는가

아!
진정 하나님의 아들로 믿는가
하늘 향한 이기심의 포장인가
아는 척한다 수십 년 헤매면서
십자가를 사랑을 기억하고 싶다

—「어떤 믿음」 전문

작품 「어떤 믿음」 속에는 주 예수님이 태어나서부터 십자가에 가시관을 쓰고 달려 죽어서 3일 만에 부활하여 갈릴리 앞바다에서 다시 고기를 잡는 어부로 살아가는 제자들에게 나타나 보이시며, 도마에게 자신의 신체를 만져 보이면서 믿음에 대한 말씀을 언급한 상황까지 생각나게 하는 작품이다.

말구유에 태어날 때 동방박사들이 황금, 몰약, 유향 세 가지 보물을 가져와서 경배하고 돌아가는 모습이 보이는 것 같다.

둘째 연에서는 시몬 베드로, 제자들이 십자가에 못 박혀 죽으신 주님을 보고 실망하고 돌아와서 자신이 어부로 되돌아가서 갈릴리 앞바다에 가서 밤새도록 고기를 잡아도 한 마리도 못 잡고 새벽녘에 주님을 만나 배 오른쪽에 그물을 던져보라고 했을 때 그물이 찢어지도록 잡은 사건, 모나미 볼펜 끝에 153, 그 숫자가 그때 잡은 고기의 숫자이다. 그리고 도마는 "내 손을 주님의 옆구리에 넣어보지 않고는 믿지 아니하겠노라" 했다. 주님이 나타나 증표를 보였으며 "보지 않고 믿는 자가 더 복되다"라고 말씀하셨다.

마지막 연에서는 이경우 시인 자신의 믿음에 대한 자문자답하는 상황의 시적 언어로 끝을 맺고 있다.

Ⅲ
내가 말하노라
나는 너희에게 시원한 그늘을 주었노라
나는 너희의 생명이라
너희는 내가 창조한 것을 귀하게 여기느냐
왜 너희는 나를 죽게 하느냐 나는 영원하다
너희가 상하면 내 마음도 상하리라
나는 너희들이 찾는 하나님이라
너희는 나 없이 존재하지 못하리라

오! 하나님 우리는 너무 오만하고 교만합니다
하나님이 창조한 모든 것으로
겸허하게 더불어 살게 하소서

—「영원한 생명은」 일부

『에스겔』 34장 31절에 보면 "내 초장의 양 너희는 사람이요 나는 너희 하나님이라 나 주 여호와의 말이니라." 『민수기』 15장 41절에 보면 "너희를 애굽 땅에서 인도하여 낸 여호와 너의 하나님이니라. 나는 여호와 너의 하나님이니라."

이경우 시인의 작품 「영원한 생명은」 마지막 연의 작품인데 시인 자신의 고백적인 삶의 언어인 것이다. 기독교적인 신앙의 깊은 고백이 담겨 있어서 가슴 아픈 시로 느껴진다.

"오! 하나님 우리는 너무 오만하고 교만합니다/ 하나님이 창조한 모든 것을 통해 겸허하게 더불어 살게 하소서" 지금까지 살아오면서 우리에게는 진실과 거짓, 오만과 교만, 겸허가 동전의 양면처럼 존재하였다. 반성의 기회를 주시는 것도 하나님의 능력이라는 것을 시인은 잘 알고 있다. 그의 신앙심이 짙게 나타나 있는 작품이다.

이상으로 이경우 시인의 작품을 음미해보았다. 시인이 살아 있다는 증거는 좋은 작품을 써서 그 작품을 발표하는 일이다. 시인은 이 사회의 바로미터로서 바르지 못한 일을 볼 때 그것도 시작의 소재가 되어서 이 세상을 바르게 이끌어가야 한다. 세월이 어수선할 때에는 삶의 지표가 될 수 있는 훌륭한 작품을 발표하여 하늘을 가린 구름을 걷어내는 작업도 은연중에 하는 것이 시인의 중요한 역할인 것이다. 어렵고 힘든 삶의 절실함을 꿰어서 쓰인 명작은 독자들의 마음과 정신을 사로잡는다. 아무리 좋은 미사여구美辭麗句라도 그 속에 진실이 없고, 절실한 생활이 없고, 눈물과 한숨이 없고, 아픔이 없으면 독자로 하여금 공감共感과 공명共鳴을 얻어낼 수 없는 것이다.

이경우 시인의 작품 속에는 우리들讀者이 우려했던 기우杞憂를 말끔히 씻어낼 수 있어서 좋았고 필력도 좋았다.

이경우 시인은 또 다른 사람(독자)의 새로운 인생길을 여는 지표指標가 될 수 있는 좋은 작품을 써서 독자들에게 보답하기 바란다.

문학세계대표작가선 915

동행

이경우 시집

인쇄 1판 1쇄 2020년 1월 27일
발행 1판 1쇄 2020년 2월 2일

지 은 이 : 이경우
펴 낸 이 : 김천우
펴 낸 곳 : 도서출판 천우
등 록 : 1992. 2. 15. 제1-1307호
주 소 : 서울시 성동구 무학봉28길 6 금용빌딩 2F
전 화 : 02)2298-7661
팩 스 : 02)2298-7665
http://moonhak.wla.or.kr
E-mail : chunwo@hanmail.net

값 10,000원

ISBN 978-89-7954-801-3

이 도서의 국립중앙도서관 출판예정도서목록(CIP)은 서지정보유통지원시스템 홈페이지(http://seoji.nl.go.kr)와 국가자료공동목록시스템(http://www.nl.go.kr/kolisnet)에서 이용하실 수 있습니다. (CIP제어번호: CIP2020003641)